The Distance Between Us And Other Bilingual Spanish-English Stories

Pomme Bilingual

Published by Pomme Bilingual, 2024.

THE DISTANCE BETWEEN US AND OTHER BILINGUAL SPANISH-ENGLISH STORIES

First edition. November 8, 2024.

Copyright © 2024 Pomme Bilingual.

ISBN: 979-8227449320

Written by Pomme Bilingual.

Table of Contents

El Café de los Recuerdos

Alberto era un hombre de mediana edad con un rostro amable y un bigote que ya empezaba a salpicarle de gris. Había pasado años como bibliotecario, un trabajo que amaba y que le había permitido vivir en un mundo de palabras y silencios. Sin embargo, tras jubilarse, algo dentro de él se sentía vacío, una sensación de incompletitud que, de alguna forma, esperaba llenar visitando aquel pequeño café del barrio de Malasaña en Madrid.

Cada día, a las diez en punto de la mañana, Alberto entraba en "El Café de los Recuerdos", un lugar acogedor con mesas de madera desgastada y paredes llenas de fotos antiguas. En los rincones, las plantas colgaban suavemente y el aroma a café recién molido llenaba el ambiente. Era un lugar tan familiar que parecía que había existido desde siempre, aunque Alberto sabía que el café apenas llevaba abierto un par de años.

Se sentaba siempre en la misma mesa, junto a la ventana que daba a la calle, y pedía su café solo y un croissant. En su mesa había una libreta en la que había comenzado a anotar pequeños detalles que le llamaban la atención. Lo que empezó como una forma de pasar el tiempo se había convertido en una especie de obsesión: Alberto estaba convencido de que cada cliente tenía una historia única, algo especial que lo vinculaba a ese café.

Una mañana, mientras saboreaba el último sorbo de su café, notó un papel arrugado bajo la silla de una mujer joven sentada a la mesa de al lado. Ella parecía absorta en su teléfono y no se dio cuenta de que el papel había caído de su bolso. Alberto, curioso, estiró la mano y recogió el papel. Se trataba de una carta, escrita con una caligrafía elegante pero temblorosa. Sin querer invadir la privacidad de nadie, sintió una fuerza irresistible que le obligaba a leerla.

La carta hablaba de un amor perdido, de un hombre que confesaba sus sentimientos a alguien a quien había dejado marchar por miedo. No había firma, ni dirección, pero las palabras estaban llenas de una sinceridad desgarradora. Alberto se quedó pensando en cuánto de ese amor perdido se quedaría para siempre encerrado en ese café, en esa carta. Guardó una copia de la carta en su libreta, con la esperanza de que algún día su dueña regresara y pudiera devolverle las palabras que, quizás, aún buscaban un destinatario.

Cada miércoles, a las doce en punto, una pareja de ancianos se sentaba en la mesa del fondo, junto a la planta de jazmín. Se tomaban de las manos y se miraban con una ternura que, a Alberto, le parecía salida de otro tiempo. A lo largo de varias semanas, él comenzó a notar una costumbre curiosa: la mujer siempre traía un pequeño libro, lo abría y comenzaba a leer en voz baja, mientras el hombre la escuchaba con atención.

Una vez, en un impulso de cortesía, Alberto se acercó para hacerles una pregunta trivial sobre el café. La mujer, sonriente, le explicó que el libro era un diario que había escrito cuando eran jóvenes. En él había anotado cada pequeña anécdota de su vida juntos: los lugares que visitaron, las películas que vieron, los momentos que compartieron. Ahora, en sus últimos años, ella se lo leía a su esposo, quien había empezado a perder la memoria, para ayudarle a recordar.

Alberto anotó esta historia en su libreta, impresionado por la fuerza de ese amor que desafiaba al tiempo y la memoria.

Otro día, Alberto notó a un hombre joven que parecía esperar a alguien. Miraba nervioso la puerta cada pocos minutos y consultaba su reloj repetidamente. Finalmente, después de casi una hora, el hombre se levantó, dejó algo sobre la mesa y se fue.

Alberto, curioso como siempre, se acercó a la mesa y encontró una servilleta con un mensaje escrito: "Lamento no haberte encontrado aquí. Volveré cada viernes a la misma hora, con la esperanza de verte."

Alberto se preguntó quién sería esa persona que el joven esperaba, y si algún día llegarían a encontrarse en ese café. A partir de ese día, cada viernes, él mismo regresaba al café a la misma hora, esperando que, quizás, el destino decidiera unir a esos dos desconocidos.

Con el paso de los meses, Alberto llenó páginas y páginas de historias, todas ocurridas en "El Café de los Recuerdos". Cada cliente parecía dejar un rastro invisible de su vida, como un eco que resonaba en el café incluso después de marcharse. Algunas historias eran de amor, otras de despedidas, otras de reencuentros y algunas simplemente de extraños que compartían un momento fugaz.

Un día, el dueño del café, un hombre amable y de pocas palabras llamado Ramón, se acercó a la mesa de Alberto y le preguntó, con una sonrisa, qué era lo que siempre escribía en su libreta. Alberto le explicó su proyecto y, para su sorpresa, Ramón lo escuchó con interés.

—Tienes que publicarlo, Alberto. Las historias que ocurren aquí son el alma de este café —le dijo Ramón, dándole una palmada en el hombro.

Alberto rió, sacudiendo la cabeza. No se consideraba escritor; solo era un observador, alguien que había encontrado un refugio en aquel café y en las vidas que se entrelazaban en sus mesas. Sin embargo, la idea empezó a germinar en su mente.

Después de meses de escribir, llegó el día en que Alberto sintió que había capturado la esencia del lugar y de sus visitantes. Su libreta estaba llena de momentos preciosos, de pedazos de vida que se habían quedado flotando en "El Café de los Recuerdos". Decidió que, antes de despedirse de su proyecto, escribiría una última historia: la suya.

En su última entrada, narró cómo el café le había devuelto la pasión por la vida, cómo cada historia le había enseñado algo sobre el amor, la pérdida y la esperanza. Agradeció a Ramón, a los clientes, y al propio café por haberle permitido ser parte de esas vidas, aunque fuera solo como un observador.

Ese día, Alberto dejó su libreta en la mesa de siempre, con una nota para Ramón: "Para ti y para todos los que encuentren un recuerdo aquí. Con cariño, Alberto."

Cuando salió del café por última vez, supo que, aunque sus visitas se habían acabado, su espíritu siempre estaría allí, en "El Café de los Recuerdos," entre las mesas de madera y el aroma del café recién hecho.

5

The Café of Memories

Alberto was a middle-aged man with a kind face and a mustache that was beginning to sprinkle with gray. He had spent years as a librarian, a job he loved that allowed him to live in a world of words and silence. However, after retiring, something inside him felt empty, a sense of incompleteness that he hoped to fill by visiting that little café in the Malasaña neighborhood of Madrid.

Every day, at exactly ten in the morning, Alberto would enter "The Café of Memories," a cozy place with worn wooden tables and walls filled with old photographs. In the corners, plants hung gently, and the aroma of freshly ground coffee filled the air. It was a place so familiar that it seemed to have existed forever, even though Alberto knew that the café had only been open for a couple of years.

He always sat at the same table by the window overlooking the street and ordered his espresso and a croissant. On his table was a notebook in which he had started jotting down little details that caught his attention. What began as a way to pass the time had turned into a kind of obsession: Alberto was convinced that every customer had a unique story, something special that connected them to that café.

One morning, as he savored the last sip of his coffee, he noticed a crumpled piece of paper under the chair of a young woman sitting at the next table. She seemed absorbed in her phone and did not realize that the paper had fallen from her bag. Curious, Alberto reached out and picked up the paper. It was a letter, written in elegant but shaky handwriting. Not wanting to invade anyone's privacy, he felt an irresistible urge to read it.

The letter spoke of a lost love, a man confessing his feelings to someone he had let go out of fear. There was no signature, no address, but the words were filled with heart-wrenching sincerity. Alberto wondered how much of that lost love would forever remain locked away in that café, in that letter. He copied the letter into his notebook, hoping that one day its owner would return, and he could return the words that perhaps still sought a recipient.

Every Wednesday at noon, an elderly couple would sit at the back table next to the jasmine plant. They held hands and looked at each other with a tenderness that Alberto thought came from another time. Over several weeks, he began to notice a curious custom: the woman always brought a small book, which she opened and began to read aloud while the man listened attentively.

Once, in a burst of courtesy, Alberto approached to ask them a trivial question about the café. The woman, smiling, explained that the book was a diary she had written when they were young. In it, she had noted every little anecdote of their life together: the places they visited, the movies they saw, the moments they shared. Now, in their later years, she read it to her husband, who had begun to lose his memory, to help him remember.

Alberto noted this story in his notebook, impressed by the strength of a love that defied time and memory.

Another day, Alberto noticed a young man who seemed to be waiting for someone. He nervously glanced at the door every few minutes and repeatedly checked his watch. Finally, after nearly an hour, the man stood up, left something on the table, and walked out.

Curious as always, Alberto approached the table and found a napkin with a written message: "I'm sorry I didn't find you here. I will come back every Friday at the same time, hoping to see you."

Alberto wondered who that person was that the young man was waiting for and if they would ever meet in that café. From that day on, he himself returned to the café every Friday at the same hour, hoping that perhaps fate would bring those two strangers together.

As the months passed, Alberto filled page after page with stories, all occurring in "The Café of Memories." Each customer seemed to leave an invisible trace of their life, like an echo resonating in the café even after they had left. Some stories were about love, others about farewells, some about reunions, and some simply about strangers sharing a fleeting moment.

One day, the café owner, a kind man of few words named Ramón, approached Alberto's table and asked, with a smile, what he was always writing in his notebook. Alberto explained his project, and to his surprise, Ramón listened with interest.

"You have to publish it, Alberto. The stories that happen here are the soul of this café," Ramón said, giving him a pat on the shoulder.

Alberto laughed, shaking his head. He didn't consider himself a writer; he was just an observer, someone who had found refuge in that café and in the lives that intertwined at its tables. However, the idea began to take root in his mind.

After months of writing, the day came when Alberto felt he had captured the essence of the place and its visitors. His notebook was filled with precious moments, pieces of life that had floated in "The Café of Memories." He decided that before bidding farewell to his project, he would write one last story: his own.

In his final entry, he narrated how the café had restored his passion for life, how each story had taught him something about love, loss, and hope. He thanked Ramón, the customers, and the café itself for allowing him to be a part of those lives, even if only as an observer.

That day, Alberto left his notebook on the usual table, with a note for Ramón: "For you and for everyone who finds a memory here. With love, Alberto."

When he left the café for the last time, he knew that although his visits had come to an end, his spirit would always be there, in "The Café of Memories," among the wooden tables and the aroma of freshly brewed coffee.

La Sombra en la Ventana

Martín llevaba pocos meses jubilado y, aunque había soñado con ese momento durante años, ahora se encontraba en un estado de inquietud. La carpintería había sido su vida, y ahora, sin el ruido de las sierras y los martillos, el silencio de su pequeño apartamento en el barrio de Lavapiés parecía abrumador. Así que, para distraerse, se había aficionado a observar lo que ocurría en el edificio de enfrente.

No era un chismoso, o eso se decía a sí mismo. Solo estaba... atento. Al fin y al cabo, cada ventana era un escenario, y las sombras que se movían tras las cortinas narraban fragmentos de vidas desconocidas. Había algo intrigante en el anonimato de sus vecinos y, poco a poco, esa curiosidad se transformó en una obsesión silenciosa.

Fue una noche de verano cuando Martín notó por primera vez algo extraño. Mientras tomaba una copa de vino junto a su ventana, observó una sombra que se movía de un lado a otro en el apartamento del segundo piso del edificio de enfrente. La sombra era inquieta, como si estuviera buscando algo. Y entonces, sin previo aviso, se detuvo y desapareció.

Al día siguiente, volvió a mirar hacia aquella ventana. Nada. Parecía que el apartamento estaba vacío. Las luces permanecieron apagadas durante varios días, pero cada noche, a la misma hora, la sombra aparecía y se movía con la misma inquietud. Era un misterio que atormentaba a Martín. ¿Quién era aquella persona? ¿Y qué buscaba en la penumbra?

Martín comenzó a notar otras sombras, otras vidas. En el tercer piso vivía una mujer joven a quien Martín había visto alguna vez en el portal. Era guapa, pero siempre parecía triste, con los ojos bajos y el cabello desordenado. Cada noche, la luz de su apartamento permanecía encendida hasta altas horas de la madrugada, y en varias ocasiones, Martín creyó ver su silueta parada junto a la ventana, inmóvil, como si estuviera esperando algo o a alguien.

Una noche, la vio llorar. Su perfil se delineaba contra la luz tenue de su salón, y aunque Martín no podía oírla, su postura, con los hombros encorvados y el rostro entre las manos, hablaba de una tristeza profunda. No sabía por qué, pero sintió una necesidad casi paternal de protegerla, de entender qué la atormentaba. Sin embargo, se contuvo. No quería cruzar esa línea.

En el cuarto piso, vivía un hombre que rara vez salía de su apartamento. Martín lo había visto un par de veces en el portal, siempre con un semblante severo y unas gafas oscuras que nunca se quitaba. Había algo en él que generaba desconfianza, como si escondiera un secreto.

Una noche, Martín vio algo que le resultó inquietante: el hombre arrastraba un gran bulto, envuelto en una manta, hacia el pasillo. La sombra del bulto, arrastrada por el suelo, proyectaba una forma extraña y alargada. La escena le hizo pensar en las películas de misterio que solía ver de joven. ¿Qué estaba haciendo ese hombre? ¿Por qué movía aquel objeto en plena noche?

Martín intentó tranquilizarse, convenciéndose de que su imaginación le estaba jugando una mala pasada. Pero la inquietud no desapareció. Empezó a pensar que aquel hombre ocultaba algo siniestro.

Con el paso de los días, Martín ya no podía contener su curiosidad. Decidió que, de alguna manera, debía averiguar qué estaba ocurriendo en aquel edificio. Una tarde, cuando vio a la mujer del tercer piso salir del portal, se acercó con disimulo y le ofreció una conversación casual.

—Buenas tardes —le dijo con una sonrisa amable—. Soy Martín, vivo en el edificio de enfrente. Creo que te he visto alguna vez, ¿verdad?

La mujer, que al principio parecía sorprendida, aceptó su saludo con un gesto de cabeza.

—Sí, creo que nos hemos cruzado.

Martín notó que su tono era frío, casi a la defensiva, pero decidió arriesgarse.

—¿Tienes algún problema con el hombre del cuarto piso? —preguntó, bajando la voz.

Ella lo miró con desconfianza, como si no supiera si debía confiar en él. Pero después de unos segundos, suspiró y asintió.

—No estoy segura de qué ocurre con él —dijo finalmente—. Lo he escuchado hablar solo, y una noche, oí golpes y ruidos extraños. Me da miedo, pero... ¿qué puedo hacer?

Aquella respuesta solo sirvió para aumentar la curiosidad de Martín. Decidió que esa misma noche observaría con mayor detenimiento lo que sucedía en el cuarto piso.

Esa noche, se sentó junto a su ventana y esperó. No tuvo que esperar mucho. Alrededor de las diez, vio cómo el hombre del cuarto piso se acercaba a su ventana, esta vez sin gafas. Martín observó con atención mientras el hombre encendía una vela y, con un gesto meticuloso, comenzaba a colocar objetos pequeños sobre una mesa: fotografías, cartas, y una vieja medalla.

Alberto se dio cuenta de que estaba presenciando algo profundamente personal. El hombre, quien había parecido frío y amenazante, comenzó a hablar en voz baja, casi como si rezara. Desde la distancia, Martín no podía entender las palabras, pero en sus gestos había una clara expresión de pena, de dolor contenido.

La mujer del tercer piso apareció en su ventana en ese momento, y sus miradas se cruzaron. Durante un instante, ambos entendieron que estaban observando la misma escena, que eran parte de la vida secreta de aquel hombre, aunque él jamás lo sabría. La mujer miró a Martín y, sin decir nada, asintió como si le estuviera agradeciendo por entender su miedo y por compartir aquella verdad.

Con el tiempo, Martín se dio cuenta de que, aunque el edificio de enfrente estaba lleno de sombras, esas sombras no eran distintas a las que él mismo llevaba en su interior. Cada persona en aquellas ventanas tenía sus propios secretos, sus propios dolores y luchas, al igual que él. Había proyectado sus propios temores y prejuicios en sus vecinos, sin comprender que todos, de alguna forma, llevaban una carga invisible.

La sombra en la ventana ya no le causaba intriga ni desasosiego. Ahora, cuando se sentaba frente a su ventana, se limitaba a observar el movimiento de las luces y las sombras, sin juzgar, con una comprensión renovada y una aceptación silenciosa de los misterios que habitaban en cada vida.

The Shadow in the Window

Martín had been retired for just a few months, and although he had dreamed of this moment for years, he now found himself in a state of unease. Carpentry had been his life, and now, without the noise of saws and hammers, the silence of his small apartment in the Lavapiés neighborhood felt overwhelming. So, to distract himself, he had taken to watching what was happening in the building across the street.

He was not a busybody, or at least he told himself that. He was just... attentive. After all, every window was a stage, and the shadows that moved behind the curtains told fragments of unknown lives. There was something intriguing about the anonymity of his neighbors, and gradually, that curiosity morphed into a silent obsession.

It was a summer night when Martín first noticed something strange. While sipping a glass of wine by his window, he saw a shadow moving back and forth in the second-floor apartment across the street. The shadow was restless, as if searching for something. Then, without warning, it stopped and vanished.

The next day, he looked toward that window again. Nothing. It seemed the apartment was empty. The lights remained off for several days, but every night, at the same hour, the shadow reappeared and moved with the same unease. It was a mystery that haunted Martín. Who was that person? And what were they looking for in the dim light?

Martín began to notice other shadows, other lives. On the third floor lived a young woman whom Martín had seen a few times in the lobby. She was pretty, but she always seemed sad, with her eyes downcast and her hair disheveled. Each night, the light in her apartment stayed on until the early hours of the morning, and on several occasions, Martín believed he saw her silhouette standing by the window, motionless, as if she were waiting for something or someone.

One night, he saw her crying. Her profile was outlined against the dim light of her living room, and although Martín couldn't hear her, her posture—shoulders hunched and face in her hands—spoke of deep sorrow. He didn't know why, but he felt an almost paternal urge to protect her, to understand what tormented her. However, he held back. He didn't want to cross that line.

On the fourth floor lived a man who rarely left his apartment. Martín had seen him a couple of times in the lobby, always with a stern expression and dark glasses that he never removed. There was something about him that inspired distrust, as if he were hiding a secret.

One night, Martín saw something unsettling: the man dragging a large bundle, wrapped in a blanket, down the hall. The shadow of the bundle, dragged across the floor, cast a strange elongated shape. The scene reminded him of the mystery films he used to watch as a young man. What was that man doing? Why was he moving that object in the dead of night?

Martín tried to calm himself, convincing himself that his imagination was playing tricks on him. But the unease did not fade. He began to think that the man was hiding something sinister.

As the days passed, Martín could no longer contain his curiosity. He decided that somehow, he had to find out what was happening in that building. One afternoon, when he saw the woman from the third floor leave the lobby, he approached her discreetly and offered a casual conversation.

"Good afternoon," he said with a friendly smile. "I'm Martín; I live in the building across the street. I think I've seen you a few times, haven't I?"

The woman, who initially seemed surprised, acknowledged his greeting with a nod.

"Yes, I think we've crossed paths."

Martín noticed her tone was cold, almost defensive, but he decided to take a risk.

"Do you have any problems with the man on the fourth floor?" he asked, lowering his voice.

She looked at him warily, as if unsure whether to trust him. But after a few seconds, she sighed and nodded.

"I'm not sure what's going on with him," she finally said. "I've heard him talking to himself, and one night, I heard banging and strange noises. It scares me, but... what can I do?"

That answer only served to heighten Martín's curiosity. He resolved that that very night, he would watch more closely what was happening on the fourth floor.

That night, he sat by his window and waited. He didn't have to wait long. Around ten o'clock, he saw the man from the fourth floor approaching his window, this time without glasses. Martín watched closely as the man lit a candle and, with a meticulous gesture, began to place small objects on a table: photographs, letters, and an old medal.

Martín realized he was witnessing something deeply personal. The man, who had seemed cold and threatening, began to speak softly, almost as if praying. From a distance, Martín couldn't understand the words, but in his gestures, there was a clear expression of sorrow, of contained pain.

At that moment, the woman from the third floor appeared at her window, and their gazes met. For an instant, they both understood that they were observing the same scene, that they were part of the secret life of that man, even though he would never know it. The woman looked at Martín and, without saying a word, nodded as if thanking him for understanding her fear and for sharing that truth.

Over time, Martín realized that although the building across the street was full of shadows, those shadows were not different from the ones he carried within himself. Each person in those windows had their own secrets, their own pains and struggles, just like he did. He had projected his own fears and prejudices onto his neighbors, not understanding that everyone, in some way, bore an invisible burden.

The shadow in the window no longer caused him intrigue or unease. Now, when he sat in front of his window, he simply observed the movement of lights and shadows, without judgment, with a renewed understanding and a silent acceptance of the mysteries that inhabited each life.

Entre las Olas

El sol apenas comenzaba a salir, dibujando sombras alargadas en la arena húmeda. Elena caminaba descalza por la orilla, sintiendo el roce de la arena fría bajo sus pies, una sensación que la llenaba de una melancolía agradable. Había llegado temprano, escapando del bullicio de la ciudad, buscando el silencio de aquel rincón del mundo donde el sonido de las olas pareciera tener la capacidad de ahogar cualquier pensamiento.

Al mirar hacia el horizonte, veía cómo las olas se formaban lentamente, avanzaban con determinación, y se desmoronaban en espuma blanca y suave al tocar la orilla, solo para regresar de nuevo al mar. Era un ciclo incesante y perfecto. Algo en ese movimiento le recordaba sus propios pensamientos, esos que venían y se iban, a veces arrastrando consigo pequeños fragmentos de recuerdos, otras veces dejándola en calma, vacía, como la playa después de una tormenta.

Elena cerró los ojos, respiró profundo y dejó que la brisa salada la envolviera. Podía sentir el peso de los años en su cuerpo, en sus hombros que alguna vez fueron ligeros, en sus manos que habían sostenido tantos sueños que ahora parecían lejanos. Se preguntaba en qué momento había comenzado a sentir que el tiempo la arrastraba sin su permiso, como una corriente oculta bajo la superficie de su vida.

Con los ojos cerrados, se vio a sí misma de joven, en sus veintes, llena de energía y con el alma abierta al mundo. Recordó a Javier, su primer amor, y las noches que pasaron juntos, hablando hasta el amanecer sobre el futuro y las cosas que harían juntos. Elena sonrió al recordar la intensidad de aquella pasión juvenil, el ardor de las promesas que hicieron, sin saber que el tiempo las desgastaría como las olas desgastan las rocas.

Javier se fue, y ella continuó su camino, buscando algo que aún no sabía cómo definir. Se entregó a su carrera, persiguiendo cada oportunidad con la misma intensidad con la que había amado. Pero en algún punto, entre las largas jornadas y las expectativas de los demás, comenzó a sentirse vacía, como si una parte de ella se hubiera quedado en aquellos primeros años, atrapada en una idea de lo que debía ser.

Abrió los ojos y miró al mar, buscando en el horizonte una respuesta que sabía que no encontraría. Pensó en las decisiones que había tomado, en los caminos que eligió y en aquellos que dejó pasar. Había momentos que volvieron a su mente como imágenes borrosas: una oferta de trabajo en el extranjero que rechazó por miedo a lo desconocido, una relación que terminó porque no quiso ceder, y un proyecto que abandonó cuando las cosas se complicaron.

Cada decisión, cada oportunidad perdida, era como una ola que avanzaba hacia la orilla, solo para desvanecerse en espuma antes de tocar la tierra. Era una mezcla de arrepentimiento y aceptación, un recordatorio de que el tiempo no espera, de que cada instante se escapa entre los dedos como la arena.

Elena se sentó en la arena, dejando que las olas mojadas rozaran sus pies. Allí, en medio de aquel silencio quebrado solo por el sonido del mar, comenzó a aceptar sus propios errores y sus propias renuncias. Se dio cuenta de que había pasado demasiado tiempo reprochándose por las decisiones que tomó y por las que no tuvo el valor de tomar.

Quizás había sido demasiado dura consigo misma. La vida no era una línea recta, y en cada giro, en cada desvío, había aprendido algo. Las personas que amó, las que perdió, las que conoció solo de paso... cada una de ellas le había dejado una pequeña huella, una enseñanza que llevaba en su interior.

Las olas seguían rompiendo a sus pies, como si quisieran recordarle que el tiempo fluye, que la vida sigue, y que, a pesar de los altibajos, el mar siempre regresa a la orilla. La impermanencia no era algo que temer; era una promesa de renovación, de cambio constante.

Elena alzó la vista hacia el cielo, donde las primeras gaviotas comenzaban a volar en círculos. El mundo seguía girando, y en ese momento, comprendió que ella también debía seguir adelante. Ya no podía vivir en los recuerdos de lo que fue o en los sueños de lo que pudo ser. Su vida estaba aquí, ahora, en la brisa que le despeinaba el cabello, en el sonido de las olas, en la arena bajo sus pies.

Sintió una paz inesperada, como si finalmente hubiera encontrado algo que llevaba buscando mucho tiempo. No era una respuesta, ni una solución, sino una aceptación suave, como la espuma que acaricia la orilla antes de retirarse. La paz de saber que la vida era imperfecta, que ella misma era imperfecta, y que, en esa imperfección, había belleza.

Se levantó y comenzó a caminar de nuevo, dejando que el sol que ascendía lentamente la envolviera. Sus pasos marcaban huellas en la arena, que las olas borraban con delicadeza, sin dejar rastro. Pero, aunque sus huellas desaparecieran, algo dentro de ella se había transformado. Había aprendido a dejar ir, a soltar los recuerdos como un suspiro, a caminar ligera.

Elena miró el mar por última vez antes de alejarse. Sabía que, de alguna forma, volvería a esta playa, a este rincón de paz. Pero esta vez sería diferente. Esta vez, regresaría con un corazón más libre y con el alma en calma, dejando que las olas se llevaran lo que ya no le pertenecía, y abrazando, finalmente, el presente.

Between the Waves

The sun was just beginning to rise, casting elongated shadows on the damp sand. Elena walked barefoot along the shore, feeling the cold sand brush against her feet—a sensation that filled her with a pleasant melancholy. She had arrived early, escaping the hustle and bustle of the city, seeking the silence of that corner of the world where the sound of the waves seemed capable of drowning any thought.

As she looked toward the horizon, she watched the waves forming slowly, advancing with determination, and collapsing into soft, white foam upon reaching the shore, only to retreat back into the sea. It was an incessant and perfect cycle. Something in that movement reminded her of her own thoughts, those that came and went, sometimes dragging along small fragments of memories, other times leaving her calm and empty, like the beach after a storm.

Elena closed her eyes, took a deep breath, and let the salty breeze envelop her. She could feel the weight of the years in her body, in her shoulders that once felt light, in her hands that had held so many dreams that now seemed distant. She wondered when she had begun to feel that time was sweeping her away without her permission, like a hidden current beneath the surface of her life.

With her eyes closed, she saw herself as a young woman in her twenties, full of energy and with her soul open to the world. She remembered Javier, her first love, and the nights they spent together, talking until dawn about the future and the things they would do together. Elena smiled as she recalled the intensity of that youthful passion, the fervor of the promises they made, not knowing that time would wear them down like the waves erode rocks.

Javier left, and she continued on her path, searching for something she still didn't know how to define. She threw herself into her career, pursuing every opportunity with the same intensity she had loved with. But at some point, amid the long hours and the expectations of others, she began to feel empty, as if a part of her had remained in those early years, trapped in an idea of what she should be.

She opened her eyes and gazed at the sea, searching the horizon for an answer she knew she wouldn't find. She thought about the decisions she had made, the paths she chose, and those she let pass by. There were moments that returned to her mind like blurred images: a job offer abroad she declined out of fear of the unknown, a relationship that ended because she refused to yield, and a project she abandoned when things became complicated.

Each decision, each missed opportunity, was like a wave advancing toward the shore, only to dissipate into foam before touching the ground. It was a mix of regret and acceptance, a reminder that time does not wait, that every moment slips through fingers like sand.

Elena sat on the sand, allowing the wet waves to brush against her feet. There, amid the silence broken only by the sound of the sea, she began to accept her own mistakes and her own sacrifices.

She realized she had spent too much time reproaching herself for the decisions she made and for those she lacked the courage to make.

Perhaps she had been too hard on herself. Life was not a straight line, and with each turn, each detour, she had learned something. The people she loved, those she lost, those she met only in passing... each had left a small mark on her, a lesson she carried within.

The waves continued crashing at her feet, as if trying to remind her that time flows, that life goes on, and that despite the ups and downs, the sea always returns to the shore. Impermanence was not something to fear; it was a promise of renewal, of constant change.

Elena looked up at the sky, where the first seagulls began to fly in circles. The world continued to turn, and in that moment, she understood that she too needed to move on. She could no longer live in the memories of what was or in the dreams of what could have been. Her life was here, now, in the breeze that tousled her hair, in the sound of the waves, in the sand beneath her feet.

She felt an unexpected peace, as if she had finally found something she had been searching for a long time. It was not an answer, nor a solution, but a gentle acceptance, like the foam that caresses the shore before retreating. The peace of knowing that life was imperfect, that she herself was imperfect, and that in that imperfection, there was beauty.

She stood up and began to walk again, letting the slowly rising sun envelop her. Her steps left footprints in the sand, which the waves delicately erased, leaving no trace. But even as her footprints disappeared, something inside her had transformed. She had learned to let go, to release memories like a sigh, to walk lightly.

Elena looked at the sea one last time before walking away. She knew that, in some way, she would return to this beach, to this corner of peace. But this time would be different. This time, she would return with a freer heart and a calm soul, allowing the waves to take what no longer belonged to her and finally embracing the present.

La Casa en la Colina

La casa en la colina se alzaba majestuosa, como si vigilara el pequeño pueblo desde su posición elevada. Desde que era niño, Pablo había observado la mansión con una mezcla de fascinación y misterio. Era un lugar que siempre parecía inaccesible, envuelto en una especie de aura de riqueza y distinción, un mundo ajeno al suyo. Él creció en un barrio humilde, en una casa pequeña con paredes desgastadas y techos bajos. Para él, la casa en la colina representaba todo lo que era inalcanzable y remoto.

Un día, por casualidad, Pablo conoció a Julio, el hijo menor de la familia Dueñas, los dueños de la mansión. Julio era un chico de su edad, pero con una vida completamente distinta. Mientras Pablo ayudaba a su padre en el taller, Julio se dedicaba a estudiar en una escuela privada de la capital. Sin embargo, algo en la frescura de Pablo y en su manera sincera de ver el mundo atrajo la atención de Julio, quien siempre se había sentido asfixiado por las reglas y expectativas de su familia.

Fue así como comenzó una amistad inesperada, tejida entre mundos opuestos. Julio, con su aire despreocupado y su modo de hablar pausado, invitaba a Pablo a subir a la mansión, donde se adentraba en un universo de lujos desconocidos: salones con chimeneas de mármol, amplios ventanales que ofrecían vistas interminables del pueblo y jardines cuidados por jardineros discretos que apenas se dejaban ver.

Cada vez que subía a la colina, Pablo sentía que cruzaba una barrera invisible, como si dejara atrás su identidad para convertirse en alguien más. Pero al mismo tiempo, algo en ese ambiente de riqueza lo hacía sentir incómodo, como un intruso. No obstante, su amistad con Julio le daba cierta seguridad. En sus conversaciones, Julio le revelaba secretos familiares, pequeñas anécdotas que solo alguien de dentro podría conocer.

Una tarde, mientras ambos descansaban en la biblioteca de la mansión, Julio le contó sobre su hermana mayor, Isabel, quien había abandonado la casa en un arrebato de rebeldía, cansada de la vida controlada por las apariencias. Isabel había sido siempre la "oveja negra" de la familia, el personaje que desafiaba las tradiciones, y en cierto modo, Pablo sentía una conexión invisible con ella, aunque nunca la había conocido.

—Aquí todo es fachada, Pablo —le confesó Julio con una expresión triste—. Mi padre se preocupa más por lo que piensen los demás que por lo que realmente ocurre dentro de estas paredes.

Pablo, que siempre había visto la vida de los Dueñas como perfecta, empezó a cuestionarse sus propias ideas. ¿Acaso la riqueza no era una garantía de felicidad? Las palabras de Julio despertaron en él una empatía inesperada, como si la barrera entre ellos se desdibujara cada vez más.

Con el paso de los meses, Pablo fue conociendo otros aspectos de la familia Dueñas. Los padres de Julio, aunque siempre parecían amables y corteses, mantenían una distancia fría hacia él, como si su presencia fuera tolerada por respeto a la amistad con su hijo, pero nada más. A veces, Pablo captaba miradas de desaprobación o escuchaba comentarios sutiles sobre la gente "del otro lado del pueblo". Eran momentos en los que recordaba su propio origen y se sentía de nuevo como un extraño.

Un día, Julio lo invitó a una fiesta en la mansión. Era una celebración elegante, con invitados vestidos de gala, música suave y un ambiente cargado de formalidad. Pablo, incómodo en su traje barato y en medio de conversaciones sobre temas que desconocía, sintió que su amistad con Julio se tensaba. Julio parecía otra persona, atrapado en el papel de hijo perfecto, saludando a cada invitado con una sonrisa que no le llegaba a los ojos.

Pablo decidió salir al jardín para tomar aire y alejarse del bullicio. Allí, bajo el cielo estrellado, se encontró con Isabel, quien había regresado solo por esa noche. Era una mujer con una presencia imponente, alguien que irradiaba una fuerza contenida.

—¿Eres amigo de mi hermano? —le preguntó con una sonrisa curiosa.

Pablo asintió, inseguro de cómo responder. Isabel lo observó por un instante y luego dijo:

—Tienes suerte de no ser parte de esta familia. Aquí todos tienen una máscara, y es agotador llevarla todo el tiempo.

Pablo comprendió entonces que incluso dentro de esa mansión, las personas llevaban sus propias luchas, escondidas detrás de una apariencia de perfección. Sentía una mezcla de compasión y alivio. A veces, no pertenecer a ese mundo parecía ser, en realidad, una liberación.

Con el tiempo, Pablo y Julio comenzaron a distanciarse. La vida en la colina era cada vez menos atractiva para Pablo, quien sentía que su lugar estaba en el pueblo, junto a su familia y sus amigos, en una vida más sencilla pero auténtica. Julio, por otro lado, estaba cada vez más atrapado en las expectativas de su familia, resignado a seguir el camino que otros habían trazado para él.

Una tarde, mientras caminaban juntos por última vez hasta la colina, Julio le confesó:

—A veces envidio tu vida, Pablo. Tu libertad, la posibilidad de elegir sin que todos te juzguen. Aquí, cada decisión está controlada, cada paso calculado.

Pablo lo escuchó en silencio, entendiendo el peso que cargaba su amigo. Habían compartido mucho, pero también sabían que sus caminos eran distintos, y que quizás esa separación era inevitable. La casa en la colina, con todo su esplendor, simbolizaba un mundo que ya no era atractivo para él.

Finalmente, los dos se despidieron con un apretón de manos y una sonrisa nostálgica, sabiendo que esa amistad había sido especial, pero que también debía terminar en aquel preciso momento. Pablo se dio la vuelta y comenzó a descender la colina, mientras la mansión quedaba atrás, empequeñecida en la distancia, hasta desaparecer entre las sombras de la tarde.

Había descubierto algo valioso en aquella casa en la colina: que la verdadera riqueza no estaba en las posesiones materiales ni en las apariencias, sino en la libertad de ser uno mismo, sin máscaras, sin secretos.

35

The House on the Hill

<hr>

The house on the hill stood majestically, as if it were watching over the small town from its elevated position. Since childhood, Pablo had observed the mansion with a mix of fascination and mystery. It was a place that always seemed out of reach, wrapped in an aura of wealth and distinction, a world alien to his own. He grew up in a humble neighborhood, in a small house with worn walls and low ceilings. To him, the house on the hill represented everything that was unattainable and distant.

One day, by chance, Pablo met Julio, the youngest son of the Dueñas family, the owners of the mansion. Julio was a boy of his age but with a completely different life. While Pablo helped his father in the workshop, Julio studied at a private school in the capital. However, something about Pablo's freshness and his sincere view of the world caught Julio's attention, who had always felt suffocated by the rules and expectations of his family.

Thus began an unexpected friendship, woven between opposing worlds. Julio, with his carefree demeanor and slow way of speaking, invited Pablo to the mansion, where he stepped into a universe of unknown luxuries: salons with marble fireplaces, wide windows offering endless views of the town, and gardens tended by discreet gardeners who barely showed themselves.

Every time he went up to the hill, Pablo felt as if he was crossing an invisible barrier, leaving behind his identity to become someone else. But at the same time, something about that atmosphere of wealth made him feel uncomfortable, like an intruder. Nevertheless, his friendship with Julio gave him a sense of security. In their conversations, Julio revealed family secrets, little anecdotes that only someone from within could know.

One afternoon, while they rested in the mansion's library, Julio told him about his older sister, Isabel, who had left home in a fit of rebellion, tired of a life controlled by appearances. Isabel had always been the "black sheep" of the family, the one who challenged traditions, and in a way, Pablo felt an invisible connection with her, even though he had never met her.

"Everything here is a façade, Pablo," Julio confessed with a sad expression. "My father cares more about what others think than what really happens inside these walls."

Pablo, who had always seen the Dueñas' life as perfect, began to question his own ideas. Was wealth not a guarantee of happiness? Julio's words awakened an unexpected empathy in him, as if the barrier between them was blurring more and more.

As the months passed, Pablo learned more about the Dueñas family. Julio's parents, although they always seemed kind and courteous, maintained a cold distance towards him, as if his presence were tolerated out of respect for their son's friendship, but nothing more. Sometimes, Pablo caught disapproving glances or overheard subtle comments about the people "from the other side of town." These moments reminded him of his own origins and made him feel like a stranger again.

One day, Julio invited him to a party at the mansion. It was an elegant celebration, with guests dressed in formal attire, soft music, and an atmosphere laden with formality. Pablo, uncomfortable in his cheap suit and surrounded by conversations about topics he didn't know, felt that his friendship with Julio was straining. Julio seemed like another person, trapped in the role of the perfect son, greeting each guest with a smile that didn't reach his eyes.

Pablo decided to step out to the garden for some fresh air and to escape the noise. There, under the starry sky, he encountered Isabel, who had returned just for that night. She was a woman with a commanding presence, someone who radiated contained strength.

"Are you my brother's friend?" she asked with a curious smile.

Pablo nodded, unsure of how to respond. Isabel looked at him for a moment and then said:

"You're lucky not to be part of this family. Everyone here wears a mask, and it's exhausting to wear it all the time."

Pablo then understood that even within that mansion, people carried their own struggles, hidden behind an appearance of perfection. He felt a mix of compassion and relief. Sometimes, not belonging to that world seemed like a liberation.

Over time, Pablo and Julio began to drift apart. Life on the hill became less appealing to Pablo, who felt his place was in the town, alongside his family and friends, in a simpler but more authentic life. Julio, on the other hand, was increasingly trapped in his family's expectations, resigned to follow the path others had paved for him.

One afternoon, while they walked together for the last time up to the hill, Julio confessed:

"Sometimes I envy your life, Pablo. Your freedom, the ability to choose without everyone judging you. Here, every decision is controlled, every step calculated."

Pablo listened in silence, understanding the weight his friend carried. They had shared much, but they also knew that their paths were different, and that perhaps this separation was inevitable. The house on the hill, with all its splendor, symbolized a world that no longer attracted him.

Finally, the two parted with a handshake and a nostalgic smile, knowing that this friendship had been special but that it also had to end at that precise moment. Pablo turned around and began to descend the hill, while the mansion faded away, shrinking in the distance until it disappeared into the evening shadows.

He had discovered something valuable in that house on the hill: that true wealth was not in material possessions or appearances, but in the freedom to be oneself, without masks, without secrets.

El Jardín de las Sombras

El jardín había sido olvidado, cubierto de maleza y con un aspecto melancólico que reflejaba el estado de ánimo de Dolores. Desde la muerte de su esposo, ella se había encerrado en sí misma, rodeada de silencios y recuerdos, habitando una casa llena de sombras. Sin embargo, algo en aquel jardín abandonado despertó en ella una pequeña chispa, una necesidad de volver a la vida, aunque fuera poco a poco, un día tras otro.

Al principio, el trabajo era abrumador. Las zarzas y enredaderas lo cubrían todo, y las plantas estaban marchitas, los árboles despojados de vida. Pero Dolores, con manos temblorosas y paciencia infinita, comenzó a arrancar la maleza, a quitar las piedras y a limpiar el suelo con esmero. Con cada movimiento, sentía cómo su propio corazón, endurecido por el dolor, se iba ablandando poco a poco, abriéndose a algo nuevo, aunque aún no sabía qué.

Un día, mientras cavaba para plantar nuevas flores, su pala chocó con algo duro. Intrigada, se inclinó y, con manos llenas de tierra, desenterró una pequeña caja metálica. Estaba oxidada y cubierta de barro, pero al limpiarla descubrió que era un antiguo estuche para joyas. Al abrirla, encontró dentro una vieja medalla, desgastada y sin brillo, pero con un grabado casi ilegible en la parte trasera: Para mi amada, siempre. Un estremecimiento recorrió su cuerpo.

Desde aquel día, Dolores comenzó a encontrar otros objetos mientras trabajaba en el jardín. Un peine de nácar, una muñeca de porcelana rota, una carta con la tinta desvaída, incluso una llave pequeña y misteriosa. Cada objeto parecía contarle una historia, fragmentos de vidas pasadas, de momentos felices y trágicos, de personas que quizá, como ella, habían buscado consuelo en aquel lugar.

A medida que el jardín tomaba forma, Dolores sentía cómo también se formaban en su mente las historias de quienes habían dejado esos objetos. En sus noches solitarias, imaginaba quién podría haber sido la dueña del peine, si habría tenido el cabello largo y oscuro como ella, o si la carta habría sido escrita en un arrebato de amor o de despedida. Los objetos se convertían en un puente hacia el pasado, y al mismo tiempo, la ayudaban a enfrentar su propio dolor.

El jardín empezó a florecer, a pesar de las sombras que aún persistían en algunos rincones. Las flores crecían vibrantes, y los arbustos, antes secos y tristes, comenzaban a llenarse de hojas verdes. Dolores pasaba cada vez más tiempo allí, disfrutando del aroma de las flores y del canto de los pájaros que volvían a visitar el lugar.

Un día, mientras desenterraba una piedra grande, encontró una pequeña estatuilla de un ángel, con una expresión serena y casi sonriente. Sintiéndose impulsada por una fuerza que no entendía del todo, colocó la figura en un rincón del jardín, bajo un viejo rosal, y lo convirtió en un lugar especial, un pequeño altar a las memorias y los secretos del jardín. Allí, junto al ángel, fue colocando los objetos que había encontrado, como si cada uno representara un pedazo de su propia alma, un recuerdo que debía honrar.

Con el tiempo, el jardín se convirtió en un reflejo de su proceso de sanación. Dolores se dio cuenta de que, al igual que ella había rescatado el jardín de la decadencia, también estaba rescatando su propia vida. Los días de tristeza comenzaron a ser menos frecuentes, y en su lugar, sintió una paz desconocida, una aceptación de su pasado y una disposición a mirar hacia adelante.

Al llegar la primavera, el jardín era una explosión de colores. Dolores contemplaba el lugar con una satisfacción profunda, sintiendo que el dolor, aunque seguía ahí, ya no era una carga insoportable. Había aprendido a vivir con él, a integrarlo en su vida como parte de su historia, igual que aquellos objetos enterrados en el suelo del jardín.

Una tarde, mientras observaba las flores balancearse suavemente bajo la brisa, comprendió que, al igual que el jardín, ella también había renacido. Había descubierto que, a pesar de las pérdidas y del dolor, siempre había una oportunidad para volver a florecer, para encontrar en el presente algo que le diera sentido.

Dolores se quedó allí, en su jardín de sombras y recuerdos, sintiendo cómo la vida, como las raíces de las plantas, se extendía poco a poco en su interior, alimentando su espíritu con una serenidad que nunca había conocido antes. Y así, en aquel pequeño rincón de mundo que había transformado, Dolores encontró la paz que tanto necesitaba.

The Garden of Shadows

The garden had been forgotten, overgrown and with a melancholic appearance that mirrored Dolores's state of mind. Since her husband's death, she had shut herself away, surrounded by silence and memories, living in a house filled with shadows. However, something in that abandoned garden awakened a small spark in her, a need to return to life, even if it was slowly, day by day.

At first, the work was overwhelming. Thorns and vines covered everything, and the plants were wilted, the trees stripped of life. But Dolores, with trembling hands and infinite patience, began to pull out the weeds, remove stones, and carefully clean the ground. With every movement, she felt her own heart, hardened by pain, gradually softening, opening up to something new, even though she didn't yet know what that was.

One day, while digging to plant new flowers, her spade struck something hard. Intrigued, she bent down and, with hands full of dirt, unearthed a small metal box. It was rusty and covered in mud, but as she cleaned it, she discovered it was an old jewelry case. When she opened it, she found an old medal, worn and dull, but with an almost illegible engraving on the back: For my beloved, always. A shiver ran through her body.

From that day on, Dolores began to find other objects while working in the garden. A mother-of-pearl comb, a broken porcelain doll, a letter with faded ink, even a small and mysterious key. Each object seemed to tell her a story, fragments of past lives, of happy and tragic moments, of people who, like her, may have sought comfort in that place.

As the garden took shape, Dolores felt the stories of those who had left those objects forming in her mind. In her lonely nights, she imagined who the owner of the comb might have been, whether she had long dark hair like hers, or if the letter had been written in a fit of love or farewell. The objects became a bridge to the past, and at the same time, helped her confront her own pain.

The garden began to bloom, despite the shadows that still lingered in some corners. The flowers grew vibrant, and the once dry and sad bushes began to fill with green leaves. Dolores spent more and more time there, enjoying the fragrance of the flowers and the song of the birds that returned to visit the place.

One day, while digging up a large stone, she found a small statuette of an angel, with a serene and almost smiling expression. Feeling compelled by a force she didn't entirely understand, she placed the figure in a corner of the garden, under an old rosebush, and turned it into a special place, a small altar to the memories and secrets of the garden. There, next to the angel, she placed the objects she had found, as if each represented a piece of her own soul, a memory that needed honoring.

Over time, the garden became a reflection of her healing process. Dolores realized that just as she had rescued the garden from decay, she was also rescuing her own life. The days of sadness began to be less frequent, and in their place, she felt an unfamiliar peace, an acceptance of her past and a willingness to look forward.

As spring arrived, the garden was an explosion of colors. Dolores surveyed the place with deep satisfaction, feeling that the pain, although still present, was no longer an unbearable burden. She had learned to live with it, to integrate it into her life as part of her story, just like those objects buried in the garden's soil.

One afternoon, while watching the flowers sway gently in the breeze, she understood that, like the garden, she too had been reborn. She had discovered that despite losses and pain, there was always an opportunity to bloom again, to find in the present something that gave her life meaning.

Dolores remained there, in her garden of shadows and memories, feeling how life, like the roots of the plants, gradually extended within her, nourishing her spirit with a serenity she had never known before. And thus, in that small corner of the world she had transformed, Dolores found the peace she so desperately needed.

Los Susurros del Pasado

Carlos nunca había pensado mucho en la historia de su familia hasta que heredó la antigua casa de su abuelo en un pueblo perdido de Castilla. La casa, de piedra gris y techos altos, parecía contener siglos de secretos en sus paredes, como si cada habitación y cada rincón susurrara fragmentos de vidas pasadas. Cuando entró por primera vez, el aire estaba impregnado de una mezcla de polvo, madera vieja y una leve fragancia de romero, el aroma que su abuelo siempre usaba para perfumar las habitaciones.

Mientras exploraba, su mirada se detuvo en una pequeña puerta al final del pasillo del segundo piso, casi oculta por una cortina. Al abrirla, descubrió una habitación que parecía haber quedado congelada en el tiempo. Había un escritorio antiguo, una lámpara de pie y, sobre una estantería, una caja de madera tallada con cuidado, que parecía esperar a que alguien la abriera.

Curioso, Carlos se acercó a la caja. Al abrirla, se encontró con una colección de cartas amarillentas, cada una cuidadosamente doblada y atada con un lazo. Su abuelo nunca le había mencionado nada sobre estas cartas, y algo en su interior lo impulsó a leerlas, como si las palabras que contenían fueran las respuestas a preguntas que aún no sabía que tenía.

La primera carta estaba dirigida a alguien llamado Isabel, una tía abuela de la que jamás había oído hablar. La caligrafía era elegante y cuidada, y la carta hablaba de un amor prohibido, de encuentros furtivos y promesas rotas. A medida que leía, Carlos sintió que estaba siendo transportado a otra época, como si pudiera ver a aquella Isabel y a su amante escapando bajo la luz de la luna, en un intento desesperado por desafiar las convenciones de su tiempo.

Las cartas desvelaban un relato tras otro, como si cada página contenida en la caja fuera un hilo que Carlos iba tejiendo para comprender la complejidad de su propia familia. En otra carta, encontró la historia de un hermano de su abuelo que había emigrado a América en busca de fortuna y del que nunca volvieron a tener noticias. Sus palabras transmitían esperanza y un deseo de prosperar, pero también una tristeza profunda, como si supiera que al embarcarse en ese viaje estaba renunciando para siempre a su tierra y a su familia.

Carlos empezó a comprender que la historia de su familia no era tan simple como le habían contado. Había personajes olvidados, secretos enterrados y decisiones difíciles que habían moldeado la vida de aquellos que, en silencio, formaban parte de su linaje. Se dio cuenta de que la figura severa de su abuelo, que siempre había conocido, escondía también una vida rica y compleja, marcada por pérdidas y amores que nunca llegaron a realizarse.

Con cada carta, Carlos sintió cómo el peso del pasado se mezclaba con su propio presente. Había algo en aquella correspondencia, en los amores y sueños de sus ancestros, que comenzaba a resonar en su interior. De alguna forma, aquellos relatos antiguos le ayudaban a entender mejor sus propias inquietudes, sus miedos y su búsqueda de propósito en la vida.

Carlos pasó semanas en la casa, explorando cada rincón, desempolvando objetos antiguos y leyendo las cartas una y otra vez. Sentía como si estuviera reconstruyendo su identidad, no solo como Carlos, sino como parte de un legado que, hasta entonces, le había sido desconocido. Aquella caja de cartas, perdida durante años, se convirtió en un espejo donde podía ver no solo el reflejo de su familia, sino también sus propias aspiraciones y deseos, aquellos que compartía con las generaciones que le precedieron.

Al terminar de leer la última carta, Carlos se dio cuenta de que no podía permitir que estas historias se perdieran nuevamente en el olvido. Decidió conservar la casa y dedicar su vida a mantener viva la memoria de su familia. Restauró la propiedad con cuidado, preservando cada detalle y llenando las paredes con fotos antiguas y algunos de los objetos encontrados en el desván, junto a las cartas que ahora descansaban en un lugar especial, visible para todos los que visitaran la casa.

A través de los susurros del pasado, Carlos encontró no solo un propósito, sino una conexión profunda con quienes lo habían precedido. Y así, en aquella casa de piedra en lo alto de la colina, el legado de su familia permaneció vivo, y cada visitante que cruzaba el umbral podía escuchar, en el silencio, el eco de aquellas vidas pasadas que habían dejado su huella en el presente.

The Whispers of the Past

Carlos had never thought much about his family history until he inherited his grandfather's old house in a forgotten village in Castilla. The house, made of gray stone with high ceilings, seemed to hold centuries of secrets within its walls, as if each room and corner whispered fragments of past lives. When he first entered, the air was filled with a mix of dust, old wood, and a faint fragrance of rosemary—the scent his grandfather always used to perfume the rooms.

As he explored, his gaze fell upon a small door at the end of the second-floor hallway, almost hidden by a curtain. When he opened it, he discovered a room that seemed to have been frozen in time. There was an antique desk, a floor lamp, and on a shelf, a carefully carved wooden box that seemed to wait for someone to open it.

Curious, Carlos approached the box. Upon opening it, he found a collection of yellowed letters, each carefully folded and tied with a ribbon. His grandfather had never mentioned anything about these letters, and something inside him urged him to read them, as if the words they contained held the answers to questions he didn't yet know he had.

The first letter was addressed to someone named Isabel, a great-aunt he had never heard of. The handwriting was elegant and careful, and the letter spoke of a forbidden love, of secret meetings and broken promises. As he read, Carlos felt as if he were being transported to another time, envisioning Isabel and her lover escaping under the moonlight in a desperate attempt to defy the conventions of their era.

The letters revealed one story after another, as if each page contained a thread that Carlos was weaving to understand the complexity of his own family. In another letter, he discovered the story of a brother of his grandfather who had emigrated to America in search of fortune, from whom they never heard again. His words conveyed hope and a desire to prosper, but also deep sadness, as if he knew that by embarking on that journey, he was forever renouncing his homeland and family.

Carlos began to understand that the story of his family was not as simple as he had been told. There were forgotten figures, buried secrets, and difficult decisions that had shaped the lives of those who, silently, were part of his lineage. He realized that the stern figure of his grandfather, whom he had always known, also hid a rich and complex life marked by losses and loves that never came to fruition.

With each letter, Carlos felt the weight of the past intertwining with his own present. There was something in that correspondence, in the loves and dreams of his ancestors, that began to resonate within him. Somehow, those ancient tales helped him better understand his own anxieties, fears, and search for purpose in life.

Carlos spent weeks in the house, exploring every corner, dusting off old objects, and reading the letters over and over. He felt as if he were reconstructing his identity, not only as Carlos but as part of a legacy that had, until then, been unknown to him. That box of letters, lost for years, became a mirror in which he could see not only the reflection of his family but also his own aspirations and desires, those he shared with the generations that preceded him.

Upon finishing the last letter, Carlos realized he could not allow these stories to be lost again to oblivion. He decided to preserve the house and dedicate his life to keeping his family's memory alive. He carefully restored the property, preserving every detail and filling the walls with old photos and some of the objects he found in the attic, alongside the letters that now rested in a special place, visible to all who visited the house.

Through the whispers of the past, Carlos found not only a purpose but also a deep connection to those who had come before him. And so, in that stone house atop the hill, the legacy of his family remained alive, and every visitor who crossed the threshold could hear, in the silence, the echoes of those past lives that had left their mark on the present.

La Distancia Entre Nosotros

———

Rosa se acomodó en su asiento junto a la ventana, buscando alguna distracción en el paisaje nublado que veía desde el avión. Había pasado años viviendo en el extranjero, y aunque volver a España siempre le traía cierta nostalgia, no podía evitar un nudo en el estómago al pensar en todo lo que había dejado atrás. Sacó un libro de su bolso, pero su mente estaba demasiado inquieta para concentrarse en las palabras. Justo en ese momento, escuchó una voz familiar que le pedía permiso para pasar y ocupar el asiento junto a ella.

—¿Luis? —preguntó, sorprendida, al reconocer a su antiguo amor.

Luis se quedó congelado, mirándola con la misma sorpresa. No había esperado encontrarse con ella, ni mucho menos tan cerca. Con una sonrisa tímida, se acomodó en el asiento y, tras unos segundos de incómodo silencio, murmuró:

—Hola, Rosa. Qué pequeño es el mundo, ¿verdad?

El vuelo acababa de despegar y el zumbido de los motores llenaba el silencio entre ellos. Ninguno de los dos parecía saber qué decir. Habían pasado años desde su separación, pero el dolor de aquella ruptura aún seguía latente, aunque camuflado por el tiempo y la distancia.

—No puedo creer que después de tanto tiempo... justo en este vuelo —dijo Rosa finalmente, rompiendo el silencio.

—Es como si el destino nos hubiera jugado una broma —contestó Luis, con una risa suave y algo nerviosa.

Ambos rieron, pero la risa se desvaneció rápidamente, dejando paso a una atmósfera cargada de recuerdos no resueltos y palabras que jamás se dijeron. Rosa, mirando por la ventana, recordó aquellos días en que la vida parecía más sencilla, cuando ambos creían que el amor bastaba para superar cualquier obstáculo. Pero, ¿realmente lo había sido?

A medida que avanzaba el vuelo, empezaron a recordar sus tiempos juntos, de forma cautelosa, como si caminaran por un campo minado. Hablaron de sus escapadas a la playa, de los conciertos improvisados en las plazas de Madrid, de los días en los que pensaban que nada podría separarlos. Pero no tardaron en tocar el tema de las discusiones, de las promesas no cumplidas, de la distancia emocional que había empezado a crecer entre ellos antes de que siquiera fueran conscientes.

—Recuerdo que una vez dijiste que querías viajar y explorar el mundo —dijo Luis, mirándola con una mezcla de tristeza y comprensión—. Y supongo que nunca pensé en lo que eso significaría para nosotros.

—Lo sé —respondió Rosa, con un suspiro—. Yo tampoco entendía entonces cuánto te dolía esa idea. Pensé que el amor lo arreglaría todo, pero era tan ingenua...

Ambos se quedaron en silencio, sintiendo que, al menos por un momento, se estaban diciendo las palabras que nunca se habían atrevido a pronunciar. Había algo liberador en esa franqueza, en aceptar que las decisiones que tomaron, y las que no, los habían llevado a caminos diferentes.

La conversación derivó hacia lo que había sido de sus vidas después de la ruptura. Luis había regresado a su ciudad natal y se había dedicado a la enseñanza, encontrando una satisfacción inesperada en ayudar a otros a aprender. Rosa, por su parte, había trabajado en diferentes países y vivido experiencias que la habían transformado, pero también le habían enseñado que la distancia no solo era física; a veces, era una distancia en el corazón.

—¿Alguna vez te preguntaste cómo habrían sido las cosas si hubiéramos seguido juntos? —preguntó Rosa, mirándolo de reojo.

Luis asintió lentamente, con una mirada melancólica.

—Muchas veces. Pero, al final, comprendí que ambos necesitábamos encontrar nuestro propio camino. Quizás nos queríamos, pero no estábamos listos para querernos de la forma que realmente necesitábamos.

Esa respuesta resonó en Rosa. Aquello que alguna vez les había separado ya no era tan doloroso como antes. La nostalgia aún estaba allí, pero ahora se sentía como un recuerdo cálido, no como una herida abierta.

Mientras el avión empezaba a descender hacia Madrid, se dieron cuenta de que quedaban pocos minutos antes de que sus caminos volvieran a separarse. Rosa miró a Luis, sin saber si aquel encuentro significaba una segunda oportunidad o simplemente un cierre para ambos.

—No sé qué va a pasar después de este vuelo —dijo Rosa, intentando ocultar la vulnerabilidad en su voz—. Pero quiero que sepas que siempre tendrás un lugar en mis recuerdos.

Luis asintió, con una expresión suave y apacible.

—Y tú en los míos, Rosa. Quizás eso es lo único que necesitamos ahora. No una nueva historia, sino la paz de saber que lo que tuvimos fue real y que, de alguna manera, nos ha hecho quienes somos hoy.

Se despidieron en el aeropuerto, cada uno con una sonrisa triste pero genuina, como si aquel adiós fuera también un reconocimiento de lo que alguna vez compartieron. Ambos sabían que, aunque sus caminos se habían separado, siempre habría una conexión invisible entre ellos, un lazo intangible que el tiempo y la distancia no podrían borrar.

Cuando Rosa salió a la terminal y vio la ciudad de Madrid extendiéndose ante ella, sintió una paz que no había sentido en años. Sabía que la vida seguiría adelante, pero ahora, al menos, había cerrado un capítulo que llevaba mucho tiempo abierto.

Luis, por su parte, se quedó viendo cómo Rosa se alejaba, y por primera vez en mucho tiempo, sintió que estaba listo para seguir adelante, con la certeza de que había encontrado, finalmente, la distancia adecuada entre ellos.

The Distance Between Us

Rosa settled into her seat by the window, seeking distraction in the cloudy landscape outside the airplane. She had spent years living abroad, and while returning to Spain always brought a sense of nostalgia, she couldn't shake the knot in her stomach when she thought about everything she had left behind. She pulled a book from her bag, but her mind was too restless to focus on the words. Just then, she heard a familiar voice asking for permission to pass and take the seat next to her.

"Luis?" she asked, surprised to recognize her old love.

Luis stood frozen, looking at her with equal astonishment. He had not expected to run into her, let alone so close. With a shy smile, he settled into the seat and, after a few moments of awkward silence, murmured, "Hello, Rosa. What a small world, right?"

The flight had just taken off, and the hum of the engines filled the silence between them. Neither seemed to know what to say. Years had passed since their separation, but the pain of that breakup still lingered, camouflaged by time and distance.

"I can't believe that after so long... right on this flight," Rosa finally said, breaking the silence.

"It's like fate is playing a joke on us," Luis replied, with a soft, slightly nervous laugh.

They both laughed, but the laughter faded quickly, giving way to an atmosphere thick with unresolved memories and words left unspoken. Looking out the window, Rosa remembered those days when life seemed simpler, when they both believed love was enough to overcome any obstacle. But was it really?

As the flight progressed, they cautiously began to reminisce about their time together, as if walking through a minefield. They talked about their trips to the beach, the impromptu concerts in the squares of Madrid, the days when they thought nothing could separate them. But it wasn't long before they touched on the arguments, the broken promises, and the emotional distance that had begun to grow between them before they were even aware of it.

"I remember you once said you wanted to travel and explore the world," Luis said, looking at her with a mix of sadness and understanding. "And I guess I never really thought about what that would mean for us."

"I know," Rosa replied with a sigh. "I didn't understand then how much that idea hurt you. I thought love would fix everything, but I was so naïve..."

They both fell silent, feeling that, at least for a moment, they were expressing the words they had never dared to say. There was something liberating in that frankness, in accepting that the choices they made, and those they didn't, had led them down different paths.

The conversation shifted to what had become of their lives after the breakup. Luis had returned to his hometown and taken up teaching, finding unexpected satisfaction in helping others learn. Rosa, on the other hand, had worked in different countries and lived experiences that transformed her but also taught her that distance was not just physical; sometimes it was a distance of the heart.

"Did you ever wonder how things would have been if we had stayed together?" Rosa asked, glancing at him.

Luis nodded slowly, with a melancholic expression.

"Many times. But in the end, I realized that we both needed to find our own way. Maybe we loved each other, but we weren't ready to love each other in the way we truly needed."

That answer resonated with Rosa. What had once separated them no longer felt as painful as before. Nostalgia was still there, but now it felt like a warm memory, not an open wound.

As the plane began its descent into Madrid, they realized that only a few minutes remained before their paths would separate again. Rosa looked at Luis, unsure if this encounter meant a second chance or merely closure for both of them.

"I don't know what will happen after this flight," Rosa said, trying to hide the vulnerability in her voice. "But I want you to know that you will always have a place in my memories."

Luis nodded, with a soft and gentle expression.

"And you in mine, Rosa. Maybe that's all we need right now. Not a new story, but the peace of knowing that what we had was real and that, in some way, it has made us who we are today."

They parted ways at the airport, each with a bittersweet but genuine smile, as if that goodbye was also an acknowledgment of what they once shared. Both knew that, although their paths had diverged, there would always be an invisible connection between them, an intangible bond that time and distance could not erase.

As Rosa stepped into the terminal and saw the city of Madrid stretching out before her, she felt a peace she hadn't experienced in years. She knew life would go on, but now, at least, she had closed a chapter that had long been open.

Luis, for his part, stood watching Rosa walk away, and for the first time in a long while, he felt ready to move on, with the certainty that he had finally found the right distance between them.